Angelika Schmelzer

Richtige Pferdefütterung

Basiswissen für Pferdehalter

CADMOS

Inhalt

Impressum

Gestaltung und Satz: Ravenstein, Verden
Fotos: Angelika Schmelzer
Druck: Rasch, Bramsche

ISBN 3-86127-286-5

Die fürsorgliche Verantwortung des Reiters für sein Pferd erstreckt sich auch auf dessen Ernährung.

Richtig füttern, fit füttern

Was braucht mein Pferd eigentlich, um fit zu bleiben und sich wohl zu fühlen? Diese Frage beschäftigt wohl jeden Pferdehalter und Reiter früher oder später, manchmal besonders dann, wenn Probleme auftauchen: Trotz aller Mühe will das Pferd nicht rund werden, es lässt in der Leistung nach, kommt nicht durch den Fellwechsel, erkrankt an Rehe oder Kreuzverschlag, wächst nicht richtig oder aber zu schnell – was kann ich tun? Die Liste der direkt und indirekt durch Fütterungsfehler verursachten Störungen in Gesundheit und Wohlbefinden ist endlos. Auch andere Fragen regen den Pferdefreund an, sich einmal mit der Ernährung seines Pferdes zu beschäftigen: Entspricht die traditionelle Heu- und Haferfütterung wirklich den Bedürfnissen meines Pferdes? Brauche ich ein rassespezifisches Kraftfutter? Welches Mineralfutter ist wohl das beste? Es gibt viele Gründe, sich näher mit den Grundlagen korrekter Pferdefütterung zu befassen. Nur eine in allen Aspekten möglichst optimale Fütterung erhält unsere Pferde bei gutem Wohlbefinden, gesund, munter und leistungsfähig, während Fehler oft gravierende Folgen haben.

Alle Pferde benötigen strukturiertes, wenig konzentriertes Raufutter als Rationsgrundlage.

Viel Zeit und die Unterstützung von Darmbakterien braucht es, um die rohfaserreiche Nahrung zu zerlegen.

Grundzüge der Pferdeverdauung

Der Verdauungsapparat unserer Pferde unterscheidet sich in vielen wesentlichen Aspekten grundlegend von dem eines Menschen. Der wichtigste Unterschied: Pferde sind reine Pflanzenfresser, wir Zweibeiner dagegen (wie übrigens Schweine auch) sind „Allesfresser". Die Verdauungsvorgänge werden beim Pferd ganz wesentlich von gutartigen Bakterien unterstützt, die nebenbei auch Vitamine bilden und an den Organismus abgeben. Wegen dieser Bakterien und wegen des im Vergleich zur Körpermasse eines Pferdes recht kleinen Magens funktioniert die Verdauung nur dann gut, wenn ständig Nachschub geliefert wird. Pferde brauchen deshalb viel mehr Mahlzeiten am Tag als wir Menschen, optimal wäre die Möglichkeit, ständig Futter aufzunehmen. Und schließlich: Wir Menschen bereiten unser „Futter" zu und nehmen alle Nährstoffe in recht konzentrierter Form auf, während das Verdauungssystem der Pferde vor allem mit natürlich strukturierter, voluminöser Nahrung beliefert werden möchte.

Der Verdauungstrakt des Pferdes ist bis zu 30 Meter lang, voluminös und recht kompliziert strukturiert. Aus dem Maul wird der Speisebrei über die Speiseröhre in den Magen transportiert. Dort wird die Nahrung kurzfristig zwischengelagert, um die über die Nahrung aufgenommenen Keime abzutöten und die Eiweißverdauung einzuleiten. Von dort geht es weiter in den Dünndarm, in dem zahlreiche Verdauungssäfte auf die Nahrung einwirken und den Speisebrei enzymatisch verdauen. Nach recht kurzer Verweildauer (etwa anderthalb Stunden) wird der Speisebrei in den Dickdarm abgegeben, dessen Hauptaufgabe die Speicherung der Nahrung während der langwierigen Rohfaserverdauung (die Nahrung bleibt bis zu 35 Stunden im Dickdarm) ist. Dies erledigen die im Dickdarm millionenfach vorhandenen Verdauungsbakterien, sie bauen die Gerüststoffe der Nahrung allmählich ab und zerkleinern sie. Auch der Blinddarm, der beim Pferd recht lang (bis zu einem Meter) und voluminös (er fasst 30 Liter und mehr) ist, hat in dieser Phase eine wichtige Funktion. Im letzten Abschnitt des Dickdarms wird dem Nahrungsbrei schließlich noch ein Großteil Wasser entzogen und es werden die charakteristischen Äpfel geformt und ausgeschieden – in Mengen von bis zu drei Prozent des Körpergewichts (also 15 Kilo bei einem 500 Kilo schweren Pferd).

Artgerechte und bedarfsgerechte Fütterung

„Was?", „Wie viel?" und „Wie?" fragt der Pferdefreund zuerst, wenn es um die Pferdefütterung geht. Wichtig ist aber auch die Frage nach dem „Warum?", um sich viele Bedürfnisse unserer Pferde herleiten zu können. Zahlreiche Aspekte der Pferdefütterung ergeben sich alleine aus der Tatsache, dass unsere modernen Hauspferderassen noch weitgehend dieselben Ansprüche an ihre Ernährung haben wie ihre wild lebenden Vorfahren vor Tausenden Jahren – alle unsere Pferde, vom größten Shire Horse bis zum winzigsten Falabella! Als Steppenbewohner ernährte sich das Urpferd hauptsächlich vom Gras der Steppe, das jahreszeitlich bedingt mal in Hülle und Fülle, mal nur spärlich zur Verfügung stand und im Jahresverlauf auch wechselnde Nährstoffgehalte aufwies. Um genug Nahrung zu finden, bewegte es sich während des Grasens langsam, Schritt für Schritt, voran und legte so täglich viele Kilometer geruhsam zurück. Da die Steppengräser meist nicht sehr gehaltvoll waren, verbrachte das Urpferd ungefähr 16 Stunden täglich alleine mit der Nahrungsaufnahme. Diese drei Aspekte – wenig konzentrierte und rohfaserreiche Nahrung, Fortbewegung bei der Nahrungssuche, lange Fresszeiten – bestimmen auch heute noch die Ansprüche unserer Pferde, doch sie werden leider bei der Gestaltung der Fütterung noch zu wenig beachtet. Wirklich pferdegerecht ist eine Ration nämlich nur dann, wenn sie diese Grundbedürfnisse weitgehend berücksichtigt.

Die Pferdefütterung sollte darüber hinaus auch bedarfsgerecht gestaltet sein. Das bedeutet, dass jedes Pferd individuell gefüttert werden muss und alles erhält, was es braucht – nicht mehr, aber auch nicht weniger! Bekommt es zu viel, wird es fett, kann Krankheiten und Stoffwechselstörungen entwickeln; erhält es zu wenig, magert es ab, wird schwach und krank. In beiden Fällen ist natürlich auch das Wohlbefinden erheblich beeinträchtigt. Der Pferdehalter muss also den Bedarf seines Pferdes möglichst genau ermitteln und entsprechend füttern. Der Bedarf lässt sich vor allem aus dem Körpergewicht und der Arbeitsleistung eines Pferdes ableiten. Zum Wiegen benötigt man entweder eine spezielle Pferdewaage, oder man benutzt den Pferdeanhänger. Dazu fährt man mit Zugfahrzeug, Hänger und Pferd auf eine Waage und wiegt, danach wiegt man ohne Pferd. Aus der Differenz der beiden Wägungen ergibt sich das Gewicht des Pferdes.

Am besten befriedigt die Weidehaltung die Ansprüche unserer Pferde an ihre Ernährung.

Bei der Rationsgestaltung müssen Art und Höhe der täglich erbrachten Leistung berücksichtigt werden.

Im Winter benötigen Pferde oft mehr Futter für die „innere Heizung".

Der individuelle Bedarf eines Pferdes hängt also vom Gewicht, aber auch wesentlich von der Art und Intensität seiner Nutzung ab. Bei Reit- und Fahrpferden unterscheidet man leichte, mittelschwere, schwere oder starke Belastungen und füttert entsprechend. Bei nicht genutzten Pferden muss lediglich der alleine vom Körpergewicht abzuleitende Erhaltungsbedarf über die Fütterung abgedeckt werden. Pferde im Zuchteinsatz und heranwachsende Pferde unterscheiden sich in ihren Bedürfnissen stark von erwachsenen Reitpferden, sie erhalten spezielle Rationen.

Hinweis

Viele Pferdebesitzer überschätzen die Arbeit, die ihr Pferd leistet. Wird es ausgeritten und geht etwas ruhige Galopparbeit, so ist dies leichte Arbeit. Flotte Ausritte, Bahnarbeit und der Einsatz bei Dressur- und Sprungturnieren bedeuten einen mittleren Arbeitseinsatz. Nur mehr Pferde, die reglmäßig an Leistungsprüfungen, Gelände- oder Distanzritten teilnehmen und entsprechend im Training stehen, leisten tatsächlich schwere Arbeit.

Tipp: Pferdeewicht ermitteln

Man kann das Gewicht eines Pferdes auch errechnen. Dazu ermittelt man den Brustumfang unmittelbar hinter dem Widerrist. Multipliziert diesen Wert mit sich selbst und dann mit der Rumpflänge (gemessen zwischen Buggelenkshöcker und Sitzbeinhöcker) und dividiert dann durch 11900. Es ergibt sich ziemlich genau das Gewicht des Pferdes in Kilogramm.

Auch die Rasse, das Alter und die Haltungsform eines Pferdes nehmen einen gewissen Einfluss auf seine Bedürfnisse. Leichtfuttrige Rassen wie etwa Robustpferde benötigen im Vergleich mit schwerfuttrigen Artgenossen weniger Futter, ältere Pferde brauchen besser verdauliche Rationen und Pferde aus Offenstallhaltung müssen zum einen im Winter viel Energie für die „innere Heizung" aufwenden, zum anderen auch im Fellwechsel intensiver gefüttert werden als die Kollegen aus dem Boxenstall.

Getreide, allen voran Hafer liefern gut verdauliche Eiweiße.

Nährstoffe in Futtermitteln

Die im Futter enthaltenen Stoffe erfüllen im Organismus ganz unterschiedliche Funktionen. Alle diese Aufgaben sind gleich wichtig, alle benötigten Nährstoffe müssen also stets in ausreichender Menge zugeführt werden, damit der Stoffwechsel reibungslos ablaufen kann.

Eiweiße

Eiweiße oder Proteine bestehen aus Aminosäuren. Sie sind die Bausteine, aus denen Muskeln und Organe gebaut werden, im Notfall können sie allerdings auch verbrannt werden, um Energie zu gewinnen. Bei ausgewachsenen und nur mäßig belasteten Pferden, also der überwiegenden Mehrzahl aller Fälle, sollte die Eiweißzufuhr unbedingt beschränkt werden, da eine Überfütterung mit Proteinen den Stoffwechsel belastet und schädigt. Nur während des Wachstums, in den Aufbauphasen des Trainings und bei extremen Belastungen müssen sie in größeren Mengen und besonders hoher Qualität zugeführt werden.

Kohlenhydrate

Kohlenhydrate sind das Benzin des Motors Organismus. Sie stellen Energie bereit, um die verschiedenen Arbeitsprozesse im Körper zu ermöglichen. Je mehr Leistung einem Pferd abverlangt wird, desto höher liegt also sein täglicher Energiebedarf. An Stehtagen dage-

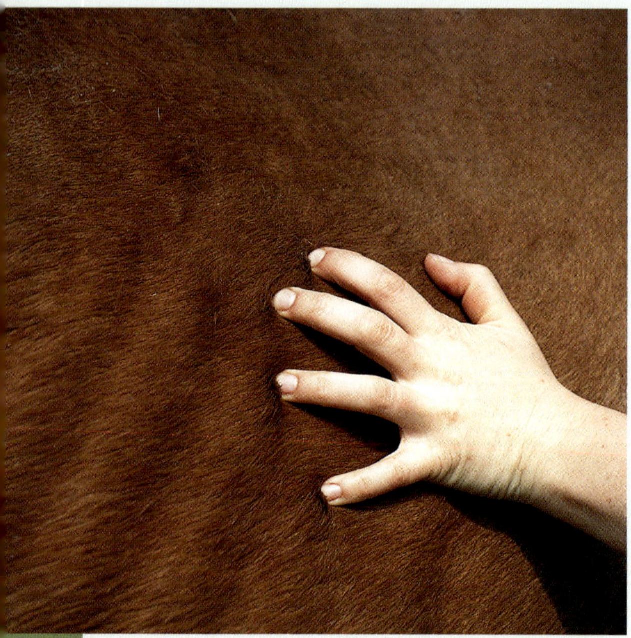

Wie viel Depotfett ein Pferd angelegt hat, lässt sich am besten an den Rippen ertasten – sie sollten zu spüren, aber nicht (wie hier) zu sehen sein.

gen muss lediglich genug Energie für die normalen Körperfunktionen bereit gestellt werden. Besonders leicht verdauliche Energieträger sind Zucker, wie wir sie vor allem in Zuckerrübenschnitzeln oder Melasse finden. Auch Stärke kann gut zur Energiegewinnung genutzt werden.

Fette

Der Organismus braucht Fette sowohl für die Bereitstellung von Energie als auch zum Aufbau von Körperstrukturen. Solche Baufette werden etwa im Mähnenkamm oder in den Augenhintergrund eingebaut. Führt man dem Körper mehr Energie zu, als er momentan benötigt, legt er Vorräte für schlechte Zeiten an. Diese Depotfette können im Bereich von Rumpf und Hals als langfristige Energiespeicher dienen und verursachen die typischen Pölsterchen. Eine übermäßige Fetteinlagerung belastet den Trageapparat und den Kreislauf des Pferdes.

Vitamine

Vitamine sind organische Wirkstoffe mit wichtigen Funktionen im Organismus. Fehlen sie, sind zahlreiche Stoffwechselvorgänge gestört. Das Pferd ist in der Lage, sich mit den Vitaminen B, Biotin, C, D und K (nicht essenzielle Vitamine genannt) in meist ausreichenden Mengen selbst zu versorgen, indem der Körper diese synthetisiert oder aus den Dickdarmbakterien aufnimmt. Andere Vitamine – A, Folsäure und E – müssen über das Futter zugeführt werden. Diese Vitamine bezeichnet man deshalb auch als essenzielle Vitamine. In manchen Fällen kann es ratsam sein, den Organismus auch mit nicht essenziellen Vitaminen über die Futterration zu versorgen, wenn die Eigensynthese oder die Aufnahme gestört ist oder ein erhöhter Bedarf vorliegt.

Manche Vitamine können im Körper bevorratet, andere müssen täglich zugeführt werden. Vielen Mischfuttermitteln werden deshalb alle notwendigen Vitamine zugesetzt, doch kann der Pferdehalter auch auf spezielle Vitaminzusatzfuttermittel zurückgreifen. Allerdings ist eine Überversorgung mit Vitaminen ebenso gefährlich für die Gesundheit wie ein Mangel, es sollten also immer nur die angegebenen Mengen und nie mehrere Vitaminpräparate gleichzeitig gefüttert werden.

Mineralstoffe

Sieben anorganische Elemente, die im Organismus unterschiedliche Funktionen haben, werden als Mineralstoffe bezeichnet. Calcium und Phosphor sind gemeinsam vor allem für die Festigkeit des Knochen-

Salz- oder Minerallecksteine erlauben dem Pferd, seinen Salzbedarf selbstständig zu decken.

gerüsts zuständig und deshalb für alle wachsenden Pferde und für tragende Stuten besonders wichtig. Auch Magnesium trägt zur Stabilisierung der Knochen bei und hat eine weitere Aufgabe im Stoffwechsel der Muskeln und Nerven. Natrium, Kalium und Chlor sind gemeinsam dafür verantwortlich, dass der Flüssigkeitsgehalt im Gewebe und im Blut korrekt reguliert wird. Schwefel schließlich ist ein wichtiger Bestandteil bestimmter Aminosäuren.

Alle Mineralstoffe kommen zwar in den Grundfuttermitteln vor oder werden Kraftfuttern beigemischt, doch reicht diese Menge oft nicht aus oder kann vom Pferd nicht genügend verwertet werden. Deshalb muss jedes Pferd an einem Salzleckstein die Aufnahme von Natrium und Chlor selbst regulieren können. Bei erhöhtem Bedarf an anderen Mineralien sollte der Pferdehalter außerdem ein Mineralzusatzfuttermittel geben, das meist auch Vitamine und Spurenelemente in ausreichender Menge enthält.

Spurenelemente

Diese Stoffe heißen so, weil sie nur in ganz geringen Mengen – in Spuren – benötigt werden. Wie die Vitamine steuern sie wichtige Stoffwechselvorgänge und sind für den Organismus lebensnotwendig. Ihre Funktionen liegen im Bereich der Blutbildung, im Zellschutz, in der Bildung gesunder Haut oder der Hormonproduktion. Die Spurenelemente Eisen, Jod, Kobalt, Kupfer,

Um die Versorgung mit Mineralien, Vitaminen und Spurenelementen zu sichern, können Zusatzfuttermittel eingesetzt werden.

Unmittelbar nach großen Anstrengungen dürfen Pferde keine großen Mengen Wasser trinken.

Mangan, Selen und Zink sind in den unterschiedlichsten Futterpflanzen enthalten, doch variiert ihre Menge je nach Anbaugebiet stark. Deshalb werden sie Mischfuttermitteln zugesetzt oder der Pferdehalter füttert ein entsprechendes Zusatzfuttermittel. Auch bei Spurenelementen müssen die Mengenangaben der Hersteller unbedingt beachtet werden, da eine Überversorgung schädlich ist.

Wasser

Jedes Pferd muss die Möglichkeit haben, seinen Wasserbedarf zu jeder Zeit selbstständig zu decken. Der Wasserbedarf ist natürlich vom Gewicht des Pferdes, aber auch von seiner Belastung und den Außentemperaturen abhängig. Er schwankt zwischen vier und zwölf Litern täglich je 100 Kilogramm Körpergewicht. Die Wasserversorgung muss ständig überprüft werden, da mangelnde Wasseraufnahme beim Pferd schnell zu Koliken infolge einer Verstopfung führt und vor allem im Sommer auch die Gefahr eines Kreislaufkollapses besteht. Erhitzte Pferde dürfen unmittelbar nach der Arbeit keine großen Wassermengen aufnehmen, ihnen reicht man mehrmals handwarmes Wasser in kleinen Mengen.

Weidegang

Weidegang stellt die wohl natürlichste Ernährungsform für alle unsere Pferde dar. Wie von der Natur vorgesehen bewegen sie sich beim Fressen ständig und genießen gleichzeitig die wichtigen sozialen Kontakte in der Herde. Für Stuten mit Fohlen bei Fuß und Jungpferde ist der Weidegang, am besten ganztägig, unabdingbar, für alle anderen Pferde zumindest wünschenswert.

Fütterung durch Weidegang

Je nach den örtlichen klimatischen Bedingungen ist Weidegang ungefähr ein halbes Jahr möglich, etwa von Anfang Mai bis Ende Oktober. Der Übergang von der Winterfütterung zum Weidegang muss schrittweise erfolgen, um Durchfallerkrankungen und Rehe vorzubeugen. Die Pferde werden zunächst halbstundenweise, dann täglich ein wenig länger ausgetrieben und dürfen frühestens nach etwa zwei Wochen ganztags weiden. In dieser Zeit wird vor dem Austrieb auf die Weide Heu und Stroh gereicht. Bei reheanfälligen Pferden und Hochleistungssportlern wird der Weidegang zeitlich begrenzt oder die Futteraufnahme beschränkt.

Je nach Bewirtschaftung und örtlichen Gegebenheiten finden sich auf Weiden unterschiedliche Pflanzengesellschaften. Einige Pferdehalter säen spezielle Saatmischungen für Pferdeweiden an und bevorzugen einen sehr ertragreichen Aufwuchs, anderen ist die Vielfalt der vorkommenden Gräser, Kräuter und Leguminosen ein Anliegen. Durch die Beweidung, insbesondere durch die selektive Futteraufnahme und durch Bodenverdichtung infolge von Trittschäden, beeinflussen die Pferde auch selbst langfristig die Artenvielfalt auf einer Weide.

Fohlen sollten vom ersten Tag an auf großen, gepflegten Weiden aufwachsen dürfen.

Bei ganztägigem Weidegang kommen wenig bis mittelschwer belastete Pferde bei gutem Aufwuchs oft ohne oder mit nur geringen zusätzlichen Kraftfuttergaben aus. Sportpferde werden vielfach nur stundenweise auf die Weide entlassen und dann mit Heu und Kraftfutter zugefüttert, um dicke, den Organismus belastende Weidebäuche zu vermeiden. Stuten mit Fohlen bei Fuß sowie Deckherden bleiben ganztags auf der Weide.

Trittschäden und eine ungeeignete Einzäunung: So sieht keine optimale Weidehaltung aus.

Frisches Wasser muss allen Weidepferden zu jeder Zeit zur Verfügung stehen.

Insbesondere bei großflächigen Weiden empfiehlt sich eine gut geplante Nutzung zur Schonung der Grasnarbe. Dazu wird die gesamte Weidefläche in kleinere Parzellen unterteilt, die reihum beweidet werden. Bei einer solchen Umtriebsweide kann sich eine abgeweidete Fläche immer wieder erholen und der Aufwuchs wird maximal genutzt. Arbeitsintensiver ist die Portionsweide, bei der ein mobiler Weidezaun zunächst nur einen Teil der Weide zugänglich macht. Täglich wird der Weidezaun nun ein Stück versetzt und gibt eine weitere Fläche zur Beweidung frei.

Auf jeder Weide muss ständig frisches, sauberes Wasser für alle Pferde zur Verfügung stehen. Auch ein Salzleckstein gehört zur Ausstattung der Weide.

Effektive, sichere und gesunde Weidehaltung

Jede Weide ist von einem sicheren Weidezaun umgeben, der die Hütesicherheit gewährleistet. Die Höhe des Zaunes und die Anzahl der notwendigen Querriegel richtet sich nach der Größe der untergebrachten Pferde. Ist der oberste Querriegel widerristhoch und sind die Abstände zwischen den Riegeln so bemessen, dass sich ein Pferd nicht mit Kopf und Hals dazwischen zwängen kann, ist es meist sicher auf der Weide untergebracht. Aufwändig, aber optisch ansprechend sind Holzzäune, die innen durch ein Elektroband vor Verbiss geschützt werden. Meist besteht ein Weidezaun heute jedoch aus Elektrobändern oder -drähten in mehreren Reihen, wobei zur Befestigung möglichst gut verankerte Pfosten genutzt werden sollten. Kombinationen von Plastik-Steckpfählen und Breitband legen sich bei Wind recht bald um und sind deshalb unsicher. Tore sollten so breit und gut zu handhaben sein, dass die Pferde problemlos hindurch geführt werden können. Torgriffe mit Spiralfedern dürfen wegen der damit verbundenen Unfallgefahr nicht angebracht werden.

Sicher, gut sichtbar und hoch genug: Hier kann eigentlich nichts passieren

Der Futterwert einer Weide hängt ganz wesentlich von der richtigen Bewirtschaftung ab.

Stehen die Pferde dauerhaft oder bei ungünstiger Witterung auf der Weide, muss ein wetterfester Unterstand vorhanden sein, der die Tiere vor Regen, Wind und starker Sonneneinstrahlung schützt. Bei Robustrassen genügt oft eine genügend große Baumgruppe oder eine dichte Hecke in Windrichtung. Der Platz im Unterstand muss unbedingt für alle Pferde ausreichen.

Zur Weidehaltung gehört auch eine fachgerechte Bewirtschaftung der Weide durch Absammeln der Pferdeäpfel, Schnitt der überständigen, gemiedenen Pflanzen und Geilstellen, Abschleppen, Entnahme von Bodenproben und Düngung sowie Nachsaat.

Raufuttermittel

Gras in jeder Form ist als wichtigster, weil natürlichster Bestandteil jeder Ration anzusehen. Der Verdauungstrakt unserer Pferde und ihr Futteraufnahmeverhalten sind ganz auf Steppengräser – mal jung und saftig, mal mit reifen Ähren, mal überständig und vertrocknet – ausgerichtet. Konzentrierte Nahrung nahmen die Vorfahren unserer Hauspferde nur selten und in geringen Mengen auf, dann nämlich, wenn die Ähren der Steppengräser reif waren. Weidegras oder Heu bilden deshalb die Grundlage der Fütterung. Heu als Gras in konservierter Form kommt zum Einsatz außerhalb der Weidesaison, als Ergänzung zu frischem Gras sowie bei Pferden, die keinen Weidegang genießen.

Heu bester Qualität in ausreichend großen Mengen bildet die Grundlage gesunder Pferdefütterung.

Heu und Heucobs

Die einfachste Methode der Konservierung von Grünfutter ist die Trocknung. Zur Heugewinnung wird Wiesengras geschnitten und von einem Wassergehalt von etwa 80 Prozent auf eine Restfeuchte von ungefähr 20 bis 15 Prozent getrocknet. Dazu wird das Schnittgut Sonne und Wind ausgesetzt und mehrfach gewendet und gleichzeitig gelockert. Trotzdem dauert es selbst bei günstigem Wetter meist mindestens drei Tage, bevor das Heu in einem weiteren Arbeitsgang gepresst werden kann. Das in kleine oder Rundballen gepresste und dabei stark verdichtete Heu wird nun eingefahren und unter Dach luftig gelagert. Es macht im Verlauf der nächsten sechs bis acht Wochen einen Reifungsvorgang durch, in dessen Verlauf es zur Bildung von Wärme kommt. Unsachgemäß gelagertes Heu kann sich sogar selbst entzünden! Nach dieser Wartezeit kann es verfüttert werden.

Auf dieser Heuwiese wird im Sommer mit Sicherheit stark verunreinigtes Heu gewonnen werden.

Der Futterwert von Heu hängt nicht nur von seinen Inhaltsstoffen ab, sondern auch von seiner Güte. Verregnetes und überständiges Heu hat vergleichsweise geringe Nährstoffgehalte, mit Schimmelnestern oder Tierkadavern verunreinigtes Heu gefährdet die Gesundheit der Pferde und muss verworfen werden. Heustaub enthält Pollen, Erde und Pilzsporen und spielt als Verursacher allergischer Bronchitiden vor allem bei Boxenpferden eine immer größere Rolle.

Stroh wird als Einstreu und zur Beschäftigung gereicht.

Hinweis

Gutes Heu erziehlt man durch Sorgfalt bei der Heugewinnung. Dazu gehört ein genügend hohes Einstellen des Mähwerks, gründliche Trocknung, nicht zu starke Verdichtung der Bunde. Vorausgegangen sein muss die sachgemäße Pflege der Heuweiden mit rechtzeitigem Abschleppen der Maulwurfshügel und möglichst großer Artenvielfalt der Pflanzen.

Heu wird in täglich mindestens drei Portionen gereicht, wobei die größte Mahlzeit abends gefüttert wird. Als Grundlage der Ration ist eine Menge von ungefähr einem Kilogramm Heu pro 100 Kilogramm Körpergewicht nötig. Heuallergische Pferde erhalten eingeweichtes Heu oder Heucobs. Diese bestehen aus Wiesenheu, das in einem speziellen Verfahren schnell getrocknet, anschließend gehäckselt und mit einem Bindemittel zu großen Pellets gepresst wird. Hastig fressenden und futterneidischen Pferden reicht man die Heucobs eingeweicht, um Schlundverstopfungen vorzubeugen.

Heucobs empfehlen sich als staubarme Alternative für heuallergische Pferde.

Stroh

Stroh spielt aufgrund seines geringen Nährwerts in der Pferdefütterung nur eine geringe Rolle. Es dient als Einstreu oder ergänzt die Heufütterung, wobei Mengen von

0,5 Kilogramm pro 100 Kilogramm Körpergewicht täglich nicht überschritten werden dürfen. Größere Rationen führen zu Verstopfungskoliken, doch auch der durch das große Volumen und den geringen Nährwert verursachte Strohbauch wird als negativ angesehen. Erbsenstroh ist vergleichsweise gehaltvoll, doch auch meist stark verschmutzt. Am liebsten mögen Pferde Weizen- und Gerstenstroh.

Hinweis

Nicht zu viel Stroh
Als Futter vorgelegte Strohmengen von 0,5 Kilogramm pro Kilogramm Körpergewicht täglich sollten nicht überschritten werden, sonst drohen Verstopfungskoliken.

Silagen

Silagen bestehen meist aus Wiesengras oder speziellen Mischungen, die durch Milchsäuregärung (ähnlich der Sauerkrautherstellung) haltbar gemacht wurden. Während Silagen früher fast ausnahmslos in der Rinderfütterung eingesetzt wurden, gewinnen sie inzwischen in der Pferdefütterung zunehmend an Bedeutung. Durch die kürzeren Trocknungszeiten (die Restfeuchte beträgt ungefähr 65 Prozent) ist der Landwirt weniger von guten Wetterbedingungen abhängig, Silagen sind außerdem staubfrei und deswegen auch für staubempfindliche Pferde geeignet, sie werden gerne gefressen und überzeugen durch günstige Nährstoffgehalte. Die Produkte, die teilweise auch industriell produziert und in kleinen Gebinden überall erhältlich sind (Horse Hage), unterscheiden sich in ihrer Zusammensetzung, abhängig vom Ausgangsprodukt, recht stark.

Verschimmelte, verschmutzte und mit Tierkadavern verunreinigte Silagen sind komplett zu verwerfen. Nach dem Anbruch kommt es durch den Luftzutritt zum baldigen Verderb der Silage, alle Gebinde müssen also in kurzer Zeit verfüttert werden.

Silagen sind im Pferdefutterhandel inzwischen auch in kleinen Gebinden erhältlich.

Die Kraftfutterration ergänzt bei belasteten Pferden die Raufuttergabe.

Kraftfuttermittel

Die Raufutterration wird, je nach Beanspruchung des Pferdes, durch eine Kraftfuttergabe ergänzt. Dabei kommen vorwiegend Getreide und Mühlennachprodukte zum Einsatz, die unterschiedlich hohe Eiweiß- und Energiegehalte aufweisen. Zusätzlich werden gerne Nebenprodukte aus der Zuckergewinnung wie etwa Zuckerrübenschnitzel oder Melasse verfüttert, um den Energiegehalt der Gesamtration aufzuwerten. Bei der Zuteilung des Kraftfutters sollte grundsätzlich sparsam vorgegangen werden, da viele Reitpferde erfahrungsgemäß mit Kraftfutter überversorgt sind. Insbesondere ist darauf zu achten, nicht zu viel Eiweiß zu verfüttern. Zu große Kraftfutterrationen belasten den Organismus, führen zu Verfettung und können Probleme bei der Arbeit unter dem Sattel hervorrufen (die Pferde „sticht der Hafer").

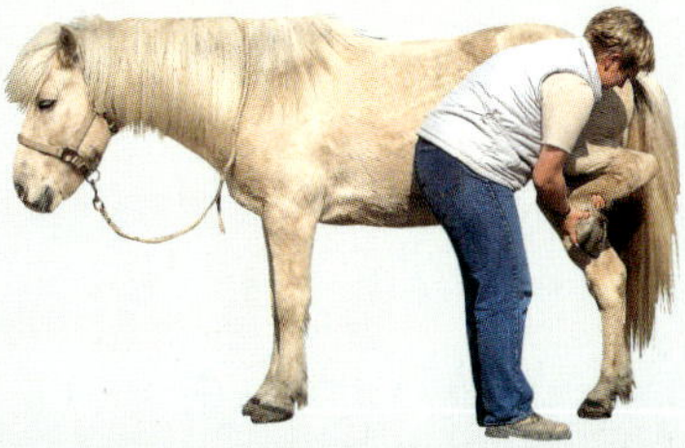

Die im Handel erhältlichen Kraftfutter bestehen überwiegend aus einer Mischung verschiedener Getreide.

Hinweis

Wegen ihrer harten Schale sollten Gerste und Mais nur gebrochen, geschrotet oder durch Erhitzen aufgeschlossen werden, weil sie so besser verdaulich sind.

Getreide

In der Pferdefütterung kommen vorwiegend Hafer, Mais und Gerste zum Einsatz, Weizen und Roggen dagegen werden vom Pferd nicht vertragen. Das Getreide kann ganz, gequetscht, geschrotet, gebrochen oder in durch unterschiedliche Verfahren aufgeschlossener Form verfüttert werden. Wird das Getreidekorn gebrochen, ist es im Ganzen besser verdaulich, aber auch leichter verderblich.

Getreide sind stärkereich bei geringem Rohfasergehalt und haben einen mittleren Eiweißgehalt. Vitamine und Mineralstoffe müssen bei der Verwendung in Form eines Einzelfuttermittels (Heu- und Hafer-Fütterung) stets zugegeben werden. Hafer wird zwar oft gequetscht verabreicht, er kann aber bei Pferden ohne Zahnprobleme auch ganz verfüttert werden.

Neben den ganzen oder aufgeschlossenen Körnern kommen auch Mühlennachprodukte, also Nebenprodukte aus der Mehlgewinnung, zum Einsatz. Besonders die Weizenkleie (in dieser Form wird Weizen vom Pferd vertragen) empfiehlt sich als diätetisches Futtermittel mit beruhigender und leicht abführender Wirkung auf den Pferdedarm. Weizenkleie wird vorwiegend als Bestandteil von Mash (siehe unten) verwendet. Beim Einsatz von Weizenkleie ist darauf zu achten, sie nur angefeuchtet zu verabreichen und nicht zu große Mengen zu reichen, da sich sonst der hohe Phosphorgehalt von Weizenkleie negativ auf die Mineralstoffversorgung auswirkt. Meist werden Mühlennachprodukte aber nicht einzeln gefüttert, sondern Mischfuttermitteln zugesetzt.

Beim Einsatz von Getreide sind die unterschiedlichen Eigenschaften zu beachten. Aufgrund ihrer verschiedenen Zusammensetzung lässt sich ein Kilogramm Hafer durch 0,9 Kilogramm Gerste oder 0,8 Kilogramm Mais ersetzen.

Andere Bestandteile

Mit ihren hohen Energie- und geringen Eiweißgehalten eignen sich die Nebenprodukte aus der Zuckergewinnung hervorragend zur Ergänzung reiner Getreiderationen. Sie liefern viel schnell verfügbare Energie, sind

Rübenschnitzel ergänzen als energiereiches, schmackhaftes Futtermittel die Getreideration.

Malzkeime fallen bei der Bierherstellung an und werden vor allem im Fellwechsel gerne gefüttert. Leinsamen regt die Verdauung an, beruhigt bei Durchfall den Darm, bindet Wasser und sorgt für ein glänzendes Fell. Besser als die üblichen Leinsamen eignen sich die blausäurefreien Sorten. Leinsaat ohne Blausäure kann unbesorgt gefüttert werden, während andere Sorten zehn Minuten in viel Wasser gekocht werden müssen.

Als Energielieferanten und Quelle fettlöslicher Vitamine kann der Pferdehalter der Kraftfutterration geringe Mengen an Ölen oder Fetten zusetzen. In Frage kommen neben speziellen Produkten der Futtermittelindustrie auch hochwertige, kaltgepresste Lebensmittelöle. Beim Einsatz muss mit geringen Mengen (etwa ein Esslöffel pro Tag) begonnen werden, um Durchfälle zu vermeiden. Innerhalb von etwa zwei Wochen kann die Gabe auf bis zu 200 Milliliter täglich pro Großpferd gesteigert werden. Sinnvoll ist die Fütterung von Ölen allerdings nur bei Pferden mit entsprechend hoher Leistung.

schmackhaft und gut verdaulich. Zum Einsatz kommen meist pelletierte Zuckerrübenschnitzel, die mit unterschiedlich hohen Zuckergehalten angeboten werden. Diese Pellets müssen vor der Verfütterung zwölf Stunden in der etwa vierfachen Menge an Wasser eingeweicht werden, lose Rübenschnitzel quellen dagegen schneller. Trotz der unbestrittenen Vorteile dieser Futtermittel sollte der Pferdehalter mit Zuckerrübenschnitzeln vorsichtig umgehen. Sie müssen so gelagert werden, dass eine Verwechslung mit normalen Pellets unmöglich ist und kein Pferd unbemerkt daran gelangen kann. Nimmt ein Pferd ungequollene Rübenschnitzel auf, kommt es zu Schlundverstopfungen und Magenüberladungen oder Magenrupturen, da die Pellets im Körper aufquellen und stark an Volumen zunehmen. Bei großer Hitze besteht die Gefahr, dass die nassen Schnitzel gären, bei Kälte dagegen ist der Quellvorgang verzögert.

Blausäurefreie Leinsaat muss weder gebrochen noch gekocht werden.

Pelletfutter läßt sich einfach dosieren, entmischt sich nicht und ist meist preisgünstig!

Müsli oder Pellets?

Statt der Gabe von Einzelfuttermitteln ist der Einsatz eines Mischfuttermittels möglich. Diese Mischungen werden in unterschiedlicher Zusammensetzung angeboten und sind oft auf die speziellen Bedürfnisse von bestimmten Pferden zugeschnitten. So gibt es Mischungen für Reitpferde, Hochleistungspferde, Robustpferderassen, für Jungpferde und Zuchtpferde. Ihr Vorteil ist die bedarfsdeckende Zusammenstellung, durch die meist auf die Gabe weiterer Zusatzfuttermittel wie etwa Mineralmischungen verzichtet werden kann. Der Hersteller macht darüber hinaus auch meist genaue Angaben zu den Futtermengen.

Für die Herstellung von Pelletfutter werden alle Bestandteile zunächst gemahlen und anschließend mit einem Bindemittel in Pellets gepresst. Durch den Kauvorgang zerfällt das Futter wieder in seine Bestandteile. Bei einem Müsli dagegen werden die eingesetzten Futtermittel allenfalls grob zerkleinert oder aufgeschlossen, ansonsten belässt man ihnen ihre natürliche physikalische Struktur.

Mash

Als Mash bezeichnet man heiß angerührte und warm verfütterte, breiförmige diätetische Mischfuttermittel. Sie bestehen aus einer Grundlage aus Kleie und Flocken, denen Leinsamen, Melasse, Öle und andere Produkte zugesetzt wurden. Am einfachsten ist der Einsatz einer Fertigmischung, wie sie von verschiedenen Herstellern angeboten wird. Das Futter wird mit heißem Wasser übergossen, gut gerührt und muss etwa 15 bis 30 Minuten ruhen, bevor es verfüttert wird. Es ersetzt dann die übliche Kraftfutterration. Mash wird insbesondere in der Rekonvaleszenz, bei Erkrankungen des Magendarmtraktes oder routinemäßig einmal pro Woche gefüttert.

Hinweis

Faustzahlen

Bei der Kraftfutterzuteilung sollten grundsätzlich einige Richtwerte beachtet werden, um Fütterungsfehlern vorzubeugen. Darüber hinaus ist zu empfehlen, die tägliche Kraftfutterration dem aktuellen Bedarf – der heute abverlangten Leistung – anzupassen, also etwa an Stehtagen das Kraftfutter zu streichen oder stark zu vermindern. Pro Mahlzeit darf die Kraftfuttermenge 0,5 Prozent des Körpergewichts nicht überschreiten, bei einem 500 Kilogramm schweren Warmblut wären dies 2,5 Kilogramm. Übersteigt die benötigte Kraftfutterration diesen Wert, ist sie auf zwei oder mehr Mahlzeiten zu verteilen. Außerdem sollte ein Verhältnis von Raufutter zu Kraftfutter wie Eins zu 0,5 bis Eins angestrebt werden. Je höher die Leistung, desto mehr verschiebt sich die Relation in Richtung Eins zu Eins. Als ungefährer Richtwert gilt für die meisten Reitpferde mit Ausnahme von Hochleistungssportlern: Sie erhalten an Arbeitstagen pro 100 Kilogramm Körpergewicht etwa 0,5 Kilogramm Kraftfutter, bei guten Futterverwertern (Robustpferderassen) auch bedeutend weniger, nämlich nur 0,5 bis ein Kilogramm pro Pferd.

Fertigmash wird einfach mit heißem Wasser übergossen und nach dem Quellen handwarm gefüttert.

Karotten und Äpfel werden vor allem im Winter gerne zusätzlich gefüttert.

Saftfuttermittel

Saftfuttermittel ergänzen die aus Raufutter und Kraftfutter bestehende Ration. Rüben und Obst sind schmackhaft, wasserreich, gut verdaulich, eher eiweißarm und oft gute Lieferanten schnell verfügbarer Energie. Bei allen Saftfuttermitteln muss auf eine sorgfältige Reinigung und sachgerechte Lagerung (kein Frost, keine Fäulnis) geachtet werden. Wird Saftfutter klein geschnitten gereicht, verleitet dies die Pferde, die Stücke unzerkaut abzuschlucken, was zu Schlundverstopfungen führen kann. Besser reicht man die Stücke unzerteilt und sorgt für eine störungsfreie Futteraufnahme, etwa durch umgehängte Futtereimer. Müssen Saftfutter zerkleinert gereicht werden, sollte man sie längs schneiden.

Rüben

Möhren (Gelbe Rüben, Karotten) liefern wertvolles Carotin, ansonsten aber keine Vitamine. Sie dürfen in Mengen bis zu 20 Kilogramm am Tag für ein 500 Kilo schweres Pferd gefüttert werden. Andere Rüben wie etwa die Zuckerrüben oder Futterrüben werden heute kaum noch eingesetzt.

Obst

Als Belohnung oder Ergänzung langweiliger Winterrationen reicht der Pferdehalter gerne einige Äpfel oder Bananen. Diese dürfen bedenkenlos in geringen Mengen (etwa vier Stück täglich) gefüttert werden. Vorsicht ist dagegen bei Birnen geboten, da größere Mengen Birnen zu Koliken führen können. Die Kerne von Pflaumen, Kirschen oder Pfirsichen dürfen vom Pferd nicht gefressen werden, dieses Obst sollte also nicht gereicht werden. Weiden Pferde auf Streuobstwiesen, kommt es in der Reifezeit zur unkontrollierten Aufnahme von Obst, was Verdauungsstörungen hervorrufen kann. Das reife Fallobst lockt zudem Wespen an, die Fressgänge in das Obst bohren und so vom Pferd versehentlich aufgenommen werden können. Stiche in die Maulhöhle oder den Rachen können zu Atemnot oder allergischen Reaktionen führen.

Andere Saftfutter

Rote Bete liefert keine wertvollen Inhaltsstoffe und spielt in der Pferdefütterung keine Rolle. Vereinzelt werden gekochte Kartoffeln in geringen Mengen gefüttert, sie sind gute Kohlenhydratlieferanten. Die Topinamburknolle hat sich in den letzten Jahren unter Pferdehaltern zu einem Geheimtipp entwickelt. Bis zu vier Knollen der schmackhaften Pflanze täglich gefüttert beeinflussen durch den Inhaltsstoff Inulin positiv die Dickdarmverdauung.

Streuobstwiesen eigenen sich während der Erntezeit nicht als Pferdeweide.

Bei nachweislich erhöhtem Bedarf, etwa bei Muskelproblemen durch Selen- und Vitamin-E-Mangel, können Zusatzfuttermittel helfen.

Zusatzfuttermittel

Zahlreiche Futtermittelhersteller bieten inzwischen eine breite Palette an Zusatzfuttermitteln an. Die Vielfalt von Produkten ist für den Pferdehalter oft kaum zu überblicken und einzuordnen. Neben sinnvollen, nützlichen und deshalb empfehlenswerten Mitteln sind auch viele überteuerte, überflüssige oder in der Anwendung problematische Produkte auf dem Markt. Häufig wird in der einschlägigen Werbung ein Bedarf suggeriert, der in der Praxis nicht besteht, oder es wird eine Wirkung versprochen, die so nicht eintritt. Die Mehrzahl aller Pferde kommt ohne Zusatzfuttermittel aus, sie sind mit Raufutter und einem guten Kraftfutter ausreichend versorgt. Vor dem Einsatz eines Zusatzfuttermittels sollte deshalb immer der aktuelle Bedarf objektiv überprüft werden.

Mineralien, Vitamine, Spurenelemente

Mischfuttermittel werden vom Hersteller mit allen Mineralien, Spurenelementen und Vitaminen versetzt, die das Pferd benötigt, die Fütterung eines Zusatzfuttermittels entfällt dann in den meisten Fällen. Erhält ein Pferd dagegen nur Raufutter, nur geringe Mengen eines Mischfutters oder ein Einzelfutter wie etwa Hafer, ist

Fohlen oder Zuchtstuten benötigen andere Kombipräparate als ausgewachsene Reitpferde.

die Versorgung mit diesen wichtigen Stoffen nicht gesichert. In diesen Fällen empfiehlt es sich, ein Kombipräparat (die meisten entsprechenden Zusatzfuttermittel enthalten Mineralstoffe, Vitamine und Spurenelemente) zu füttern, das möglichst auf die individuellen Bedürfnisse des Pferdes abgestimmt ist. Es gibt solche Produkte etwa für normal oder stärker belastete Reitpferde, für Senioren, Zuchtpferde oder andere Gruppen. Zusätzlich sollte jedem Pferd ein Salzleckstein zur Verfügung stehen, aus dem es seinen Salzbedarf selbständig decken kann.

Neben Kombipräparaten, die alle benötigten Mineralien, Spurenelemente und Vitamine enthalten, sind andere Zusatzprodukte auf dem Markt, die den erhöhten Bedarf an einem oder wenigen dieser Stoffe abdecken. Solche Mittel wie etwa Biotinprodukte oder Vitamin E/Selenpräparate sollten nur zeitweise bei nachgewiesenem Bedarf gegeben werden, sie dürfen zudem oft nicht mit weiteren Produkten kombiniert werden.

Verdauungsfördernde Mittel

Bei Verdauungsstörungen sind zunächst medizinische Ursachen wie Wurmbefall oder Zahnprobleme auszuschließen sowie die Ration im Hinblick auf ihre Ausgewogenheit (Raufuttermangel!) zu überprüfen. Um die Verdauung zu unterstützen und als zusätzliche Hilfe bei Durchfällen, in der Rekonvaleszenz, im Alter oder nach

Koliken können verschiedene Spezialfuttermittel zum Einsatz kommen. Leinsamen (ganz, geschrotet, in Mash, als Leinöl oder Leinkuchen) hat einen beruhigenden Einfluss auf den Verdauungstrakt, da die darin enthaltenen Schleimstoffe einen Schutzmantel über die Darmoberfläche legen. Hefeprodukte in Form von Flüssighefe oder Boli sowie Joghurt mit Lebendkulturen unterstützen die natürliche Darmflora im Dickdarm und sorgen für ein gesundes Darmmilieu. Flohsamen helfen der Selbstreinigung des Darmes auf die Sprünge und sorgen für die Ausscheidung von Sand und Erde. Milchsäurehaltige Produkte regulieren die Darmflora und den Säure-Basenhaushalt.

Hilfe bei Hautproblemen

Das Sommerekzem, eine allergische Hautreaktion auf die Stiche bestimmter Insekten, ist über die Fütterung nicht zu heilen, sondern bestenfalls positiv zu beeinflussen. Zusatzstoffe, durch die Insekten abgehalten (Knoblauch) und die Hautheilung (Zink, Bierhefe) unterstützt werden, können zu einer Minderung der Symptome führen. Bei Problemen im Fellwechsel kann Bioflocke, ein Präparat mit Bierhefe, B-Vitaminen und wertvollen Eiweißen, kurmäßig über sechs Wochen gefüttert werden.

Bei Durchfall unterstützt ein Mash oder ein Hefeprodukt die Behandlung durch den Tierarzt.

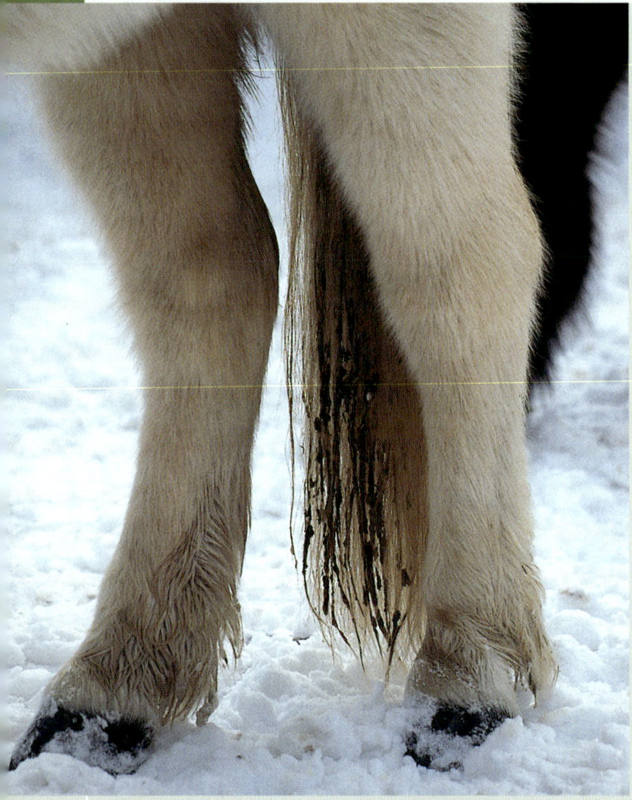

Spezielle Futtermittel können bei Sommerekzem nur bedingt helfen und nie wirklich heilen.

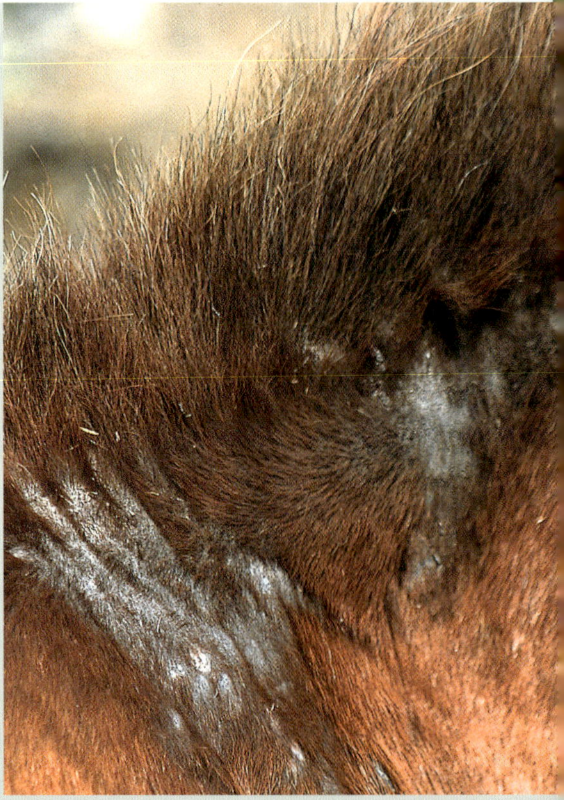

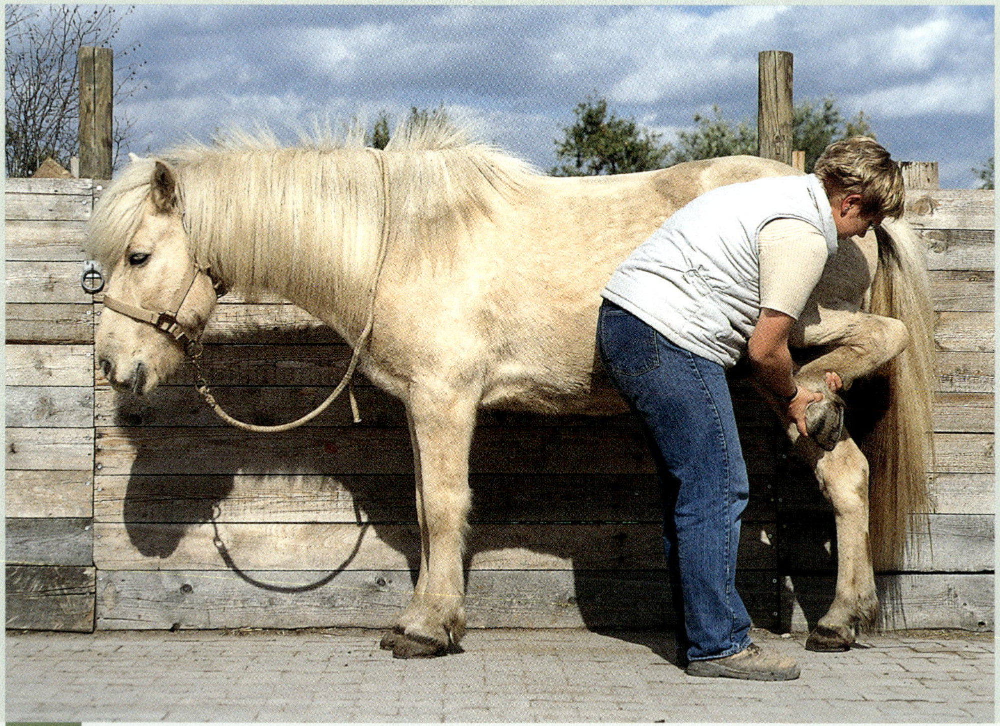

Bei Gelenkproblemen wie etwa Spat werden GSM-haltige Zusatzfuttermittel mit Erfolg eingesetzt.

Zusatzfutter mit medizinischer Wirkung

Zur Nachbehandlung oder Unterstützung bei Atemwegsproblemen werden gerne Kräuterprodukte eingesetzt, die als ganze Kräuter, als Saft oder als Tee verabreicht werden. Sie haben eine positive Wirkung, ersetzen aber nicht die Behandlung durch einen Tierarzt und sollten möglichst nur als Kur über einige Wochen oder Monate verabreicht werden. Bei nervösen Pferden wird oft die Fütterung eines Magnesiumpräparates empfohlen, was allerdings nur dann Wirkung zeigt, wenn die Reizbarkeit tatsächlich auf einem Magnesiummangel beruht – und das kommt nur selten vor. Baldrianpräparate stehen auf der Dopingliste und dürfen bei Sportpferden nicht eingesetzt werden. Bei akuten oder chronischen Gelenksproblemen können Gelatineprodukte oder Muschelkonzentrate (GSM, Glukosaminoglykane, gewonnen aus der Grünlippigen Neuseeländischen Muschel) unterstützend eingesetzt werden.

Nicht nur die richtige Zusammensetzung, sondern auch die fachgerechte Vorlage des Futters muss gesichert sein.

Praktische Pferdefütterung

Mit der richtigen Fütterungstechnik stellt der Pferdehalter sicher, dass jedes Pferd mit einer bedarfsdeckenden Ration versorgt wird und sein Futter in arttypischer Weise aufnehmen kann. Fehler bei der Vorlage von Raufutter und Kraftfutter können nicht nur Verdauungsprobleme auslösen, sondern führen auch zu einer schlechteren Verwertung des Futters oder zu Problemen des Trageapparates. Nur ein Beispiel: Inzwischen weiß man, dass die unnatürliche Körperhaltung, die Pferde bei der Futteraufnahme von zu hohen Futtertischen oder Krippen einnehmen müssen, die Entstehung von Kissing Spines (chronische Entzündung und Verknöcherung der Dornfortsätze des Rückgrates) begünstigt.

Für alle Wechsel im gewohnten Futterplan gilt: Alle Futterumstellungen – etwa von der Winterfütterung auf die Weidehaltung – müssen allmählich erfolgen, damit sich der Verdauungstrakt darauf einstellen kann. Geschieht dies nicht, sind Durchfälle und Koliken die Folge.

Raufuttervorlage

Der Verdauungstrakt unserer Pferde funktioniert am besten, wenn ihm über den Tag verteilt viele kleine Mahlzeiten zugeführt werden, während er große Fut-

Aus bodennahen Raufen kann das Raufutter in physiologisch günstiger Körperhaltung aufgenommen werden.

terportionen nur schlecht verkraftet. Empfehlenswert ist deswegen die Vorlage der Heuration in drei Mahlzeiten, wobei zwischendurch Stroh zur freien Verfügung gereicht werden kann. Dabei muss allerdings darauf geachtet werden, dass nicht zu viel Stroh aufgenommen wird, Höchstmengen von 0,5 Prozent des Körpergewichts sind nicht zu überschreiten.

Raufutter wird in bodennahen Raufen vorgelegt, damit das Pferd es in physiologischer Körperhaltung – mit gesenktem Kopf und entspanntem Rücken – fressen kann. Es ist darauf zu achten, dass bei Gruppenhaltung jedes Pferd ausreichend Raufutter aufnehmen kann. Lange Bodenraufen oder Rundraufen bieten vielen Pferden Platz, bei großen Gruppen oder unverträglichen Pferden empfiehlt sich die Einrichtung von Futterständern.

Wird Heu vom Boden gefüttert, wird es häufig zertreten und mit Kot beschmutzt. Heunetze sind umständlich zu befüllen und müssten recht niedrig aufgehängt werden, um eine entspannte Fresshaltung zu ermöglichen. Dann aber besteht die Gefahr, dass die Pferde sich mit einem Huf darin verhängen und verletzen.

Heuallergische Pferde erhalten Silage, Heucobs oder eingeweichtes Heu. Um den allergieverursachenden Staub wirklich völlig zu binden reicht es nicht aus, das Heu kurz zu berieseln, es muss vielmehr völlig untergetaucht werden.

Kraftfuttervorlage

Kraftfutter ergänzt die Tagesration des arbeitenden oder eine Zuchtleistung erbringenden Pferdes. Es darf nicht direkt vor oder nach körperlichen Anstrengungen gefüttert werden. Erhält ein Pferd größere Tagesrationen, sollte das Kraftfutter auf mehrere Mahlzeiten verteilt werden. Bei Offenstallpferden werden die Pferde entweder einzeln nach der Arbeit gefüttert, erhalten ihre Kraftfutterportion durch umgehängte Futtereimer oder werden während der Kraftfuttervorlage angebunden beziehungsweise im Futterständer separiert. Besonders

Offenstallpferde erhalten ihr Kraftfutter meist im Anschluss an die tägliche Arbeit einzeln.

praktisch sind Futterautomaten, die eine individuelle und in vielen kleinen Portionen Kraftfuttergabe ermöglichen.

Fütterungsprobleme

Übergewichtige Pferde haben mehr Futter erhalten, als sie brauchen entspricht, ihnen ist deshalb vor allem die Kraftfutterration allmählich zu kürzen. Die überflüssigen Pfunde belasten die Gliedmaßen und führen zu Leistungseinbußen, bei Zuchtstuten zu Fruchtbarkeitsproblemen und Schwergeburten.

Ein dickes Pferd braucht mehr Bewegung und weniger Futter; geeignet ist eine rohfaserreiche Diät, der die nötigen Vitamine, Mineralien und Spurenelemente zugesetzt werden.

Bei Untergewicht sind zunächst medizinische Ursachen wie Würmer oder Zahnprobleme auszuschließen. Eine Futterüberprüfung klärt dann, ob der Bedarf wirklich gedeckt ist, also dem Körpergewicht und dem Leistungsniveau entspricht. Viel gutes Heu füllt den Verdauungstrakt und fördert die gesamten Verdauungsvorgänge. Beim Kraftfutter achtet der Pferdehalter auf reichliche Energiezufuhr und eine besonders hohe Verdaulichkeit der Portion. Futteröl, Mash, Maisflocken und Rübenschnitzel bringen viel leicht verdauliche Energie in die Fütterung und regen den Appetit an.

Hinweis

Senioren benötigen gut zu kauendes, hochwertiges und gut verdauliches Futter. Als Raufutter reicht man Gras, nicht zu hartes Heu oder Silage, aber nur geringe Mengen Stroh, da dieses oft nicht mehr richtig gekaut werden kann und dann Verstopfungen auslöst. Mash oder Rübenschnitzel regen die Verdauung an und machen Appetit.

Bei Untergewicht sind zunächst Ursachen wie Wurmbefall abzuklären und zu beseitigen.

An nasskalten Tagen steigt die Gefahr eines Kreuzverschlags stark an.

Bei Durchfall, Verstopfung oder Koliken liegen in der Mehrzahl aller Fälle Fütterungsfehler vor. Verdorbenes Futter, plötzliche Futterumstellungen, zu große Strohrationen, mangelnde Wasserversorgung, nicht abgelagertes Heu oder Getreide und andere Ursachen kommen in Frage. Die gefährliche und schmerzhafte Hufrehe wird meist durch zu viel frisches Weidegras oder Überfütterung mit Kraftfutter (typisch: Das Pferd büxt nachts aus dem Stall aus und gelangt in die Futterkammer) ausgelöst. Rehegefährdete Pferde sind besonders vorsichtig anzuweiden, sie erhalten nur begrenzten Weidegang. Der Hyperlipidämie (wörtlich: zu viel Fett im Blut) liegt eine Stoffwechselentgleisung, ausgelöst durch längeren Hunger, zugrunde. Nehmen wohlgenährte Pferde plötzlich kein oder kaum Futter auf, etwa infolge von Fieber, einer Schwergeburt oder Zahnschmerzen,

Gesunde, fröhliche und leistungsbereite Pferde sind das Ergebnis einer sachgerechten Fütterung.

besinnt sich der Körper auf seine Fettreserven und mobilisiert diese. Dabei kommt es zu einer regelrechten Überschwemmung des Körpers mit Fett. Reagiert der Pferdehalter schnell, wenn sein Pferd plötzlich appetitlos wirkt, und achtet er auf das Gewicht seiner Pferde, kann diese Krankheit vermieden werden. Ein Kreuzverschlag entsteht ebenfalls durch eine Fehlfunktion im Körper und tritt vor allem nach Stehtagen auf. Im Muskel wird in kurzer Zeit sehr viel Milchsäure produziert, wodurch Muskelzellen zerstört werden. Abhilfe schafft eine konsequente Reduzierung der Kraftfutterration an Tagen, an denen das Pferd keine Leistung erbringt.

Bei einer Schlundverstopfung verlegt ein Futterbrocken die Speiseröhre, Futter und Wasser können nicht mehr abgeschluckt werden und laufen dem Pferd aus Maul und Nüstern. Eine ruhige Umgebung bei der Fütterung und die sachgerechte Vorlage (Rübenschnitzel einweichen, Kleie anfeuchten, Saftfutter nicht klein schneiden, Heucobs eventuell einweichen) beugt vor.